# CONTRA O SIONISMO

Retrato de uma doutrina colonial e racista

CONSELHO EDITORIAL

Ana Paula Torres Megiani

Andréa Sirihal Werkema

Eunice Ostrensky

Haroldo Ceravolo Sereza

Joana Monteleone

Maria Luiza Ferreira de Oliveira

Ruy Braga

# CONTRA O SIONISMO

Retrato de uma doutrina colonial e racista

Breno Altman

Copyright © 2023 Breno Altman

Edição: Haroldo Ceravolo Sereza & Joana Monteleone

Projeto gráfico, diagramação e capa: Ana Júlia Ribeiro

Assistente acadêmica: Tamara Santos

Preparação de texto: Paulo Guilherme e Haroldo Ceravolo Sereza

Revisão: Alexandra Colontini

Capa: Arte produzida utiliza o site Canva.com

**CIP-BRASIL. CATALOGAÇÃO NA PUBLICAÇÃO**
**SINDICATO NACIONAL DOS EDITORES DE LIVROS, RJ**

A469C

Altman, Breno
Contra o sionismo : retrato de uma doutrina colonial e racista / Breno Altman. -
1.ed. - São Paulo : Alameda, 2023.
100 p. ; 21 cm..

ISBN 978-65-5966-226-5

1. Sionismo - História. 2. Conflito Árabe-israelense. 3. Palestinos - Direitos
fundamentais - Israel. I. Título.

CDD: 956.94
23-86928 CDU: 94(569.4)

Meri Gleice Rodrigues de Souza - Bibliotecária - CRB-7/6439

ALAMEDA CASA EDITORIAL
Rua 13 de Maio, 353 – Bela Vista
CEP 01327-000 – São Paulo, SP
Tel. (11) 3012-2403
www.alamedaeditorial.com.br

# SUMÁRIO

Nota explicativa 7

I. Faixa de Gaza: a reação de Israel 11
à resistência do Hamas

II. O que é Sionismo? 39

III. Israel: democracia ou apartheid? 59

IV. Antissemitismo – verdades e mentiras 73

Sugestões de leitura 93

# NOTA EXPLICATIVA

Este é um livro de combate.

No calor dos acontecimentos precipitados após 7 de outubro de 2023, dediquei-me a algumas exposições sobre as razões do conflito que opõe o Estado de Israel e o povo palestino. Feitas de improviso, apoiadas em roteiros preparados nas horas que as antecederam, foram apresentadas no programa 20 MINUTOS, exibido no canal de Opera Mundi no YouTube.

Por iniciativa de nosso diretor de redação, Haroldo Ceravolo Sereza, essas intervenções foram desgravadas e tiveram seus textos preparados, e a mim foi proposta a ideia de publicá-las, como dizia-se antigamente, em um opúsculo. O argumento era forte: a comunicação escrita organiza melhor o pensamento e permite uma absorção superior que as mensagens audiovisuais.

Trata-se de um conjunto de quatro peças, cada qual dedicada a um tema: 1) origens e características da nova etapa de confrontação na Palestina; 2) história e natureza do sionismo; 3) a configuração do regime político israelense; 4) mitos e verdades sobre o antissemitismo.

Esses artigos estão longe de corresponder a um estudo histórico aprofundado, mas eventualmente podem oferecer aos leitores algumas referências essenciais sobre uma das situações mais relevantes de nossa época, cujas repercussões, além de longevas, afetam a todos os quadrantes do planeta.

Minhas palavras tampouco foram ditas, e agora escritas, com pretensões científicas ou professorais. Ainda que comprometidos com a verdade histórica, são textos de engajamento, destinados a informar desde uma posição muito clara: sou aliado da causa palestina e inimigo do sionismo. Essa pequena obra, portanto, é um libelo contra a doutrina racista e colonial encarnada pelo Estado de Israel.

Espero que os leitores tenham nas páginas que seguem uma ferramenta de conhecimento, reflexão e luta.

# I. FAIXA DE GAZA: A REAÇÃO DE ISRAEL À RESISTÊNCIA DO HAMAS

Outubro de 2023, Faixa de Gaza. Na região, cerca de 2,1 milhões de palestinos permanecem sob cerrado ataque das Forças Armadas Israelenses, por terra e ar. Segundo declarações de Oav Galant, ministro israelense da Defesa, "a ordem foi para se estabelecer bloqueio total à Faixa de Gaza": "Não haverá eletricidade, nem comida, nem água, nem combustível. Tudo fechado. Nós estamos combatendo contra animais humanos e estamos agindo em conformidade com esse contexto".

Provavelmente estamos diante do mais brutal e massivo ataque contra civis desde os bombardeios norte-americanos sobre Hanói, durante a Guerra do Vietnã, ou até mesmo desde o final da Segunda Guerra Mundial. São centenas os mortos entre homens e mulheres palestinos quando apresentei este texto em vídeo, serão milhares quando este livro estiver impresso. Contaremos dezenas de milhares se a agressão israelense não for contida.

De acordo com o governo do primeiro-ministro Benjamin Netanyahu, que lidera uma coalizão de direita, a ação de Israel seria uma resposta aos ataques terroristas "desencadeados pelo Hamas a partir do dia 7 de outubro". A organização mencionada por Netanyahu dirige a Faixa de Gaza desde 2006, quando venceu as eleições para o Conselho Legislativo da Palestina, batendo o Fatah e os demais partidos da OLP (Organização para Libertação da Palestina). De natureza religiosa, o Hamas está vinculado ao islamismo sunita e comandou no início de outubro de 2023 a mais espetacular reação palestina à ocupação de terras por Israel desde 1967. Os militantes do Hamas romperam os muros de contenção da Faixa de Gaza e atravessaram as fronteiras com Israel ao mesmo tempo em que eram deslanchados ataques por mísseis que mataram centenas de militares e civis israelenses, superando assim as defesas do estado sionista e desmoralizando seu sistema de segurança diante da enorme disparidade de recursos militares e financeiros entre as partes envolvidas.

O Estado de Israel jamais achou que voltaria ser possível uma situação como essa, na qual o povo palestino, submetido a cinquenta e seis anos de ocupação colonial, lhe impingiria tantas perdas humanas e materiais. O governo Netanyahu, ao contrário, sentia-se deitado em berço esplêndido, próximo a um acordo com a Arábia Saudita e os Emirados Árabes, entre outras nações de maioria muçulmana. Celebrava a marginalização da causa palestina, multiplicava os assentamentos judaicos nos territórios palestinos ocupados e apostava que a criação de um estado palestino seria uma fatura liquidada, que jamais teria chances de ocorrer. Netanyahu sentia-se livre para reprimir, como tem ocorrido nos últimos vinte anos, qualquer tipo de protesto anticolonial. Reprimir com a máxima violência, diante de uma autoridade palestina inerte e desmoralizada, contando com apoio incondicional das grandes potências ocidentais, particularmente dos Estados Unidos.

Israel calculava que era questão de tempo a asfixia econômico-social da Faixa de Gaza, o principal bastião da resistência palestina, e a derrocada do Hamas. Mas o dia 7 de outubro de 2023 mudou o mapa da estrada, com a resposta do Hamas a décadas de humilhações. Arrebentou a zona de conforto do sionismo, que reage com toda a brutalidade possível, empenhado em fazer a Faixa de Gaza virar pó, como afirmou o próprio primeiro-ministro israelense.

A máquina sionista de guerra e propaganda passou a operar em pleno vapor, acompanhada por seus aliados internacionais. A narrativa é de que Israel teria sido vítima de uma ofensiva terrorista e estaria exercendo seu direito de legítima defesa. Israel seria a vítima, resistindo bravamente à vilania do Hamas. Sob essa versão, as tropas sionistas desencadearam um massacre punitivo sem precedentes desde 1945, chancelado pelas potências ocidentais sob a batuta da Casa Branca.

Muita gente se deixa envolver pelo discurso de Israel, chocada com as imagens e histórias relativas às ações conduzidas pelo Hamas. De fato, são bárbaras, reproduzidas incessantemente mundo afora. Lamentáveis e indecorosas. Mas qual é a verdade histórica dos fatos? Os ataques do Hamas são o início e a causa da situação dramática na Palestina? O que está acontecendo começou somente depois dos ataques do Hamas?

São essas as questão que devem ser respondidas, e essa é uma história bem antiga, que começa quando o movimento sionista decidiu, no final do século XIX, construir um estado judeu na Palestina.

Criado pelo húngaro Theodor Herzl, o sionismo se apresentava como o movimento nacional de libertação do povo judeu, que vivia na diáspora desde o ano 70 depois de Cristo, quando o império romano destruiu Jerusalém. Nem todos os judeus concordavam com a tese de Herzl, que queria a criação de um estado judaico. Nem todos os judeus eram ou são sionistas.

Ser judeu está relacionado ao pertencimento a uma etnia, a uma herança cultural ou até mesmo a uma religião. Ser sionista é apenas aderir a uma corrente política do judaísmo, a essa corrente vinculada ao pensamento de Theodor Herzl, que defende a criação de um estado judeu. Assim, não se pode confundir o sionismo com o judaísmo, da mesma maneira que não se pode confundir antissionismo, que é quem combate a corrente liderada por Theodor Herzl, com o antissemitismo, que é a discriminação racial contra os judeus.

Não podemos deixar que ocorra essa confusão. Muitos judeus contrários a Herzl acreditavam que a melhor opção para o povo judeu era a integração nas sociedades para as quais tinham emigrado. Assim ocorreu com vários povos, o entrosamento nas distintas sociedades para as quais os judeus tinham emigrado.

No início, a opção sionista era construir o chamada "lar judeu" em algum lugar considerado ermo, como a Patagônia argentina, Uganda ou Congo. O lema do sionismo era "uma terra sem povos para um povo sem terras". Prevaleceu, contudo, uma outra tese, aprovada pelo primeiro congresso sionista, em 1897, a do retorno judaico à Palestina bíblica, o que permitiria a aliança entre sionistas e grupos religiosos judaicos que reclamavam aquela região como a terra prometida para o povo judeu.

A Palestina era, também, uma região muito mais próxima de centros econômicos importantes, e isso permitiria que o eventual estado judeu estivesse localizado numa região estrategicamente mais vital. O problema é que, passados quase dois mil anos da diáspora judaica, a Palestina estava inteiramente ocupada por outro povo, os árabes, e encontrava-se sob o domínio do Império Otomano. Os judeus que restavam naquele pedaço do mundo não chegavam a 10% de uma população total de 400 mil pessoas aproximadamente, no final do século XIX. E esses judeus minoritários, que ainda estavam na Palestina, tinham se integrado plenamente ao cotidiano de maioria árabe. Teremos um capítulo, neste livro, dedicado ao sionismo, onde aprofundo essas questões agora apresentadas apenas brevemente.

As ricas comunidades judaicas da Europa Ocidental, incluindo milionário judeus, como os da família Rotschild, contribuíram financeiramente para o plano sionista de criar um estado judeu na Palestina.

Doaram dinheiro para aquisição de terras dos proprietários árabes da região, estimularam a migração de muitos jovens judeus da Europa Oriental, jovens judeus que queriam escapar de perseguições e da falta de perspectiva nos países onde viviam. Durante os primeiros quinze ou vinte anos, a estratégia sionista foi a de ampliar a população judaica e suas terras através de mecanismos mercantis. Criou-se uma agência que se destinava a comprar terras com as doações de famílias judaicas ricas da Europa ocidental e dos Estados Unidos.

O sionismo contava ainda com o forte apoio do Reino Unido, que queria enfraquecer o Império Otomano, potência colonizadora da Palestina até a Primeira Guerra Mundial. Essa estratégia do Reino Unido ficaria ainda mais urgente quando o Império Otomano se aliou à Alemanha e ao Império Austro-Húngaro contra o Reino Unido e a França, no conflito mundial transcorrido de 1914 a 1918.

O Reino Unido, durante a Primeira Guerra Mundial, além de continuar estimulando o sionismo, prometeu aos árabes, submetidos ao Império Otomano, que eles teriam direito à independência caso se rebelassem contra os jugo dos turcos. Essa promessa, como se sabe, jamais foi cumprida.

Winston Churchill, que era o secretário das colônias do Império Britânico, mentiu para os árabes, e com a França dividiu seus territórios entre ingleses e franceses depois da Primeira Guerra Mundial. Foram criadas colônias que somente seriam independentes nos anos 1930 ou até depois. O Reino Unido e a França redesenharam o Oriente Médio, criando e fatiando territórios submetidos a seu tacão.

Com o fim do Império Otomano, em 1918, e a redivisão do Oriente Médio após a Primeira Guerra Mundial, a Palestina cairia nas mãos da Grã-Bretanha, em um mandato de trinta anos designado pela Liga das Nações. Para enfraquecer ainda mais as lideranças árabes, o Reino Unido continuou apoiando os líderes sionistas, a quem já havia prometido a construção de um estado judeu na região assim que acabasse a guerra. Essa promessa ficou clara na conhecida Declaração Balfour, uma carta do então secretário britânico dos Assuntos Estrangeiros, Lord Arthur James Balfour, datada de 1917 e endereçada ao Barão Rotschild, o mais rico de todos os judeus da época. Esse documento seria posteriormente anexado ao Tratado de Versalhes, de 1919, com o qual se encerrava a confrontação mundial.

Os árabes começaram a resistir aos judeus ao se darem conta do que estava por vir e perceberam que, se nada fizessem, perderiam o controle da Palestina graças ao pacto entre os sionistas e o Reino Unido. Esses atritos foram sofrendo uma escalada com o avanço dos judeus sobre as terras árabes, aumentando sua presença demográfica e estabelecendo instituições segregadas. O sionismo preparava-se política, financeira, diplomática e militarmente para constituir um estado judaico e precisava se livrar da população palestina na região ou integrá-la como uma minoria reduzida em seu projeto nacional.

Esse avanço seria gradual nos anos 1920 e 1930, ainda que pontilhado por conflitos armados contra comunidades árabes, mas ganharia seu desfecho com a Segunda Guerra Mundial, entre 1939 e 1945. Com o Holocausto, a causa sionista ganha uma legitimação inquestionável acerca do direito de os judeus terem seu próprio estado. Depois de o nazismo assassinar seis milhões de judeus, quem é que ficaria contra a criação de um estado judaico?

No entanto, apesar do compromisso britânico com a criação do estado judeu, a ala mais radical do sionismo temia por adiamentos e pela resistência palestina. Ao contrário de esperar pela conclusão das negociações diplomáticas, preferiu recorrer à luta armada, tanto para pressionar o Reino Unido quanto para encurralar as forças palestinas.

Nos anos imediatamente posteriores à Segunda Guerra, a ala direita do sionismo, formada pelos grupos Irgun e Lehi, precursores do Likud (partido do atual primeiro-ministro Benjamin Netanyahu), foi responsável por brutais atos terroristas. Os mais importantes foram a explosão do Hotel Rei Davi em Jerusalém, que resultou na morte de 91 pessoas em 22 de julho de 1946, sob o comando do futuro primeiro-ministro Menachem Begin, e o massacre de Deir Yassin, em 1948, no qual os grupos Irgun e Lehi entraram na aldeia de Deir Yassin e mataram mais de cem palestinos. Além de Menachem Begin, um dos comandantes do *Irgun*, nas fileiras do grupo *Lehi* estava Yitzhak Shamir, que no futuro também seria primeiro-ministro de Israel. Shamir sucedeu a Menachem Begin nos anos 1980.

Em novembro de 1947, foi aprovada pela Assembleia Geral das Nações Unidas, sob a presidência do brasileiro Osvaldo Aranha, a partilha da Palestina. A região seria dividida entre um estado judaico com 53% do território e outro palestino com 47% do espaço antes controlado pelo mandato britânico. Os árabes não aceitaram essa solução, pois ela significava perder metade de um território que lhes pertencia havia séculos.

O Estado de Israel foi fundado em 14 de maio de 1948 e, logo em seguida, começa a Primeira Guerra Árabe-Israelense, quando forças do Egito, da Síria, da Transjordânia (atual Jordânia), do Líbano e do Iraque, além de forças árabes que viviam na Palestina, organizam um ataque contra Israel. Todas as potências, incluindo a União Soviética, apoiam a criação do Estado de Israel e sua defesa militar contra os árabes. Os países árabes eram vistos como monarquias feudais pelos soviéticos, que apostavam na possibilidade de o Estado de Israel ser seu aliado no Oriente Médio. O exército de Israel seria militarmente vitorioso em janeiro de 1949. Após a refrega, o estado sionista aumentara em um terço o seu território, fazendo crescer de 53% para 79% a parte da Palestina sob sua jurisdição.

Na ocasião, mais de 700 mil palestinos tiveram que fugir dos territórios que haviam sido conquistados por Israel, dando origem ao *nakba*, que significa *tragédia* em árabe. Além dos mortos e feridos na guerra, eles perderam suas economias, suas propriedades e sua nação. Nunca mais puderam voltar para casa. Foram expulsos da terra que a eles pertencia, obrigados a se refugiar no exterior.

Outras três guerras árabe-israelenses iriam acontecer em 1956, 1967 e 1973. Na primeira delas, Israel atacou o Egito em 29 de outubro de 1956, após a nacionalização do Canal de Suez por Gamal Abdel Nasser, ocupando a Faixa de Gaza e o Sinai com apoio do Reino Unido e da França, que tratavam de conquistar um maior espaço frente à hegemonia norte-americana.

Tanto Washington quanto Moscou ficaram enfurecidos. Os norte-americanos sinalizaram que iriam forçar a expulsão de Israel das Nações Unidas caso não houvesse um recuo imediato. Por sua vez, os soviéticos ameaçaram atacar diretamente Israel. Israel abandonou os territórios ocupados em 9 de novembro daquele ano, onze dias depois de tê-los conquistado. Mesmo com o recuo israelense, ficava clara a política expansionista do sionismo.

Esse episódio, embora não tenha produzido mudanças territoriais importantes, acelerou realinhamentos geopolíticos que já estavam em curso. A resistência palestina seria reorganizada com a criação da Organização para a Libertação da Palestina (OLP), em 1964, sob o comando de Yasser Arafat, enquanto se desenvolvia, nos países árabes, uma corrente chamada pan-arabismo, um nacionalismo árabe que se voltava contra o Reino Unido e os Estados Unidos

Contra o sionismo 25

e que buscava nacionalizar meios importantes de produção, especialmente o petróleo. Esse nacionalismo árabe passou a ser aliado da União Soviética, enquanto Israel girava a favor dos Estados Unidos. No dia 5 de junho de 1967, teria início a Terceira Guerra Árabe-Israelense. Naquele dia, o Estado de Israel organizou um ataque preventivo contra o Egito em resposta ao bloqueio de embarcações israelenses no estreito de Tiran. Tropas egípcias, sírias e jordanianas estavam concentradas no Sinai, e o ataque israelense foi avassalador. O exército de Israel naquele momento já estava treinado e armado pelos Estados Unidos, e o Egito era aliado da União Soviética. O exército de Israel levaria à rendição das forças egípcias, sírias e jordanianas no dia 10, o que levaria ao batismo do conflito como Guerra dos Seis Dias. No armistício assinado, o estado sionista passaria a controlar Jerusalém oriental, a Cisjordânia, a Península do Sinai e as Colinas do Golã, ampliando a ocupação colonial para a totalidade dos territórios palestinos designados pela partilha de 1947, o que seria denunciado por resoluções das Nações Unidas jamais cumpridas por Israel.

Os árabes tentaram reverter a situação em 1973, na Guerra do Yom Kippur, mas foram duramente derrotados. Israel consolidou sua condição de estado colonial e aos palestinos restou aprofundar a resistência, sob a liderança da OLP, recorrendo a todas as formas de luta, incluindo a luta armada, conforme previsto no direito internacional.

A OLP é uma frente política de todas as correntes palestinas que lutam contra o domínio colonial de Israel. O principal partido é o Al Fatah, corrente de Yasser Arafat e do atual presidente da Autoridade Palestina, Mahmoud Abbas. Depois do Al Fattah, o segundo grupo mais importante é a Frente Popular para a Libertação da Palestina, de orientação marxista e socialista, fundada por um grande revolucionário palestino, George Habash.

O período entre 1967 e 1993 foi marcado por sucessivas ações guerrilheiras, dentro e fora das fronteiras israelenses, combinadas com levantes populares e pressão diplomática. Os principais aliados da OLP eram a União Soviética e os demais países do campo socialista, mas também havia relativa sustentação nos países árabes.

Com a decadência da União Soviética, na segunda metade dos anos 1980, e também com um certo sentimento de derrota e de cansaço da liderança do Al Fatah, a OLP vai perdendo sua liderança nos territórios ocupados, especialmente com as novas gerações. São nessas circunstâncias que irrompe um movimento fora do controle da direção da OLP, a chamada Primeira Intifada, no dia 9 de dezembro de 1987, um levante palestino contra o controle de Israel. Em 1988 é fundado o Hamas, que jamais pertenceu à OLP. O grupo foi criado como uma corrente religiosa islâmica sunita que se dispunha a ser simultaneamente um partido político, uma organização militar e uma entidade beneficente. Logo o Hamas ganhou muita simpatia entre a juventude, especialmente na Faixa de Gaza, onde começara a Primeira Intifada. O Hamas contestava o derrotismo do Fatah e sua disposição de abandonar armas em favor de uma solução política.

De fato, Yasser Arafat decidira, em plena rebelião palestina, estabelecer uma negociação com o Estado de Israel pela qual aceitaria a solução dos dois estados e um compromisso com a construção lenta e gradual da soberania palestina.

A OLP, até então, não reconhecia a legitimidade do Estado de Israel. Defendia a criação de uma Federação Palestina, de caráter republicano e laico, por todo o território do antigo Mandato Britânico de 1918, na qual os judeus também poderiam viver, como outras etnias e religiões, mas sem se constituírem no grupo soberano.

Pressionado pelos efeitos da Intifada na sociedade israelense, que passava a viver amedrontada pela ações armadas, e também pela pressão internacional, que exigia algum gesto israelense favorável à paz, o governo trabalhista de Yitzhak Rabin abre as conversações que levariam aos Acordos de Oslo, assinados em 1993.

Esses acordos e seus complementos, longe de representarem uma decisão favorável ao estado palestino, estabeleciam um vago mapa da estrada. As terras oferecidas, na Cisjordânia e na Faixa de Gaza, passariam apenas parcialmente para o controle palestino. Israel continuaria a ter domínio sobre água, energia elétrica, coleta de impostos, comércio exterior e crédito internacional. A Autoridade Palestina, instituída em parte dos territórios, não poderia ter exército próprio ou cunhar sua própria moeda.

Quando Arafat morre, em 11 de novembro de 2004, já estava claro que os Acordos de Oslo tinham sido um pântano no qual a OLP ficara aprisionada. A frustração era tão grande que uma nova onda de rebelião tomava conta dos territórios ocupados, na chamada Segunda Intifada, iniciada em 2000.

A segunda revolta foi impulsionada por uma provocação do então deputado Ariel Sharon, naquele momento filiado ao Likud, de oposição ao governo do trabalhista Ehud Barak. Cercado por um grande aparato de segurança, no dia 28 de setembro de 2000, ele visita a Esplanada das Mesquitas, no Monte do Templo, local sagrado e exclusivo dos muçulmanos, em Jerusalém. Era uma clara mensagem de que os sionistas se achavam no direito de irem aonde e quando quisessem, que toda a Palestina lhes pertencia. Violentos conflitos explodiram imediatamente, entre israelenses e palestinos, junto ao Muro das Lamentações. Rapidamente todos os territórios ocupados estariam conflagrados e seria aberto novo ciclo de resistência armada, com a participação de diversos grupos guerrilheiros, com o Hamas sendo responsabilizado por cerca de 40% das ações que tinham alvos no interior das fronteiras israelenses.

Os palestinos recorrerem a lançamento de foguetes, atentados suicidas e explosões. Os sionistas responderam com tanques, artilharia e aeronaves. Quando se chegou a um cessar-fogo, em fevereiro de 2005, na Conferência de Sharm el-Sheikh, quase cinco mil palestinos tinham morrido, contra quase mil israelenses, e a infraestrutura dos territórios ocupados estava devastada. Mais de sete mil palestinos estavam nas prisões israelenses.

Os territórios palestinos passaram a ser murados, com a restrição da circulação de seus habitantes para as cidades israelenses, onde costumam buscar empregos e desenvolver outras atividades. Mesmo com a interrupção dos enfrentamentos, Israel continuou a estimular a criação de assentamentos judaicos na Cisjordânia, e hoje já passam de 700 mil os colonos israelenses que ali vivem.

A Segunda Intifada tornara ainda mais exposta a divergência entre as forças políticas palestinas. Enquanto a maioria do Fatah continuava apostando em uma solução negociada, nos marcos dos Acordos de Oslo, outros grupos consideravam que este caminho tinha sido enterrado por Israel. Entre as alas insurgentes estava o Hamas, mas também algumas organizações da própria OLP, como a FPLP (Frente Popular de Libertação da Palestina), a FDLP (Frente Democrática de Libertação da Palestina) e o setor do Fatah comandado pelo mais popular dos líderes palestinos, Marwan Barghouti, até hoje preso político do regime sionista, condenado a cinco penas perpétuas.

Após a morte de Arafat, Mahmoud Abbas foi eleito seu sucessor, em janeiro de 2005, e já sob sua liderança seria encerrada a Segunda Intifada. Apesar das diferenças de opinião, o novo presidente conseguiria conduzir todas as frações para um processo eleitoral que deveria fortalecer e unificar a Autoridade

Palestina, em um pleito marcado para janeiro do ano seguinte que deveria escolher os 132 integrantes do Conselho Legislativo da Palestina.

Seis meses antes das eleições, o governo de Ariel Sharon supreendentemente retirou as tropas de ocupação e os assentamentos judeus de Gaza, apresentando essa decisão como um gesto positivo para consolidar o acordo que colocara fim a Segunda Intifada. Para muitos estudiosos, tratou-se de uma manobra bem-sucedida para diminuir as pressões internacionais e tentar fortalecer a perspectiva de que, dessa vez, os sionistas estavam dispostos a uma paz verdadeira, abrindo caminho para o estado palestino. Para outros, no entanto, a decisão de Sharon apontaria para uma estratégia que, a partir de sua volta ao governo, em 2009, seria seguida por Benjamin Netanyahu: combater militarmente o Hamas, mas garantir que sua presença em Gaza mantivesse dividida a liderança palestina, enfraquecendo a OLP e a Autoridade Palestina.

De fato, a retirada de Gaza, ordenada por Sharon, ajudaria o Hamas a ampliar sua popularidade, apresentando esse capítulo como uma prova de que sua política, de enfrentamento e resistência, trazia resultados melhores do que a estratégia de conciliação do Fatah. Nos meses que antecederam as eleições, o

Hamas lançaria diversos manifestos que validavam a luta armada como um caminho vitorioso, mas abandonava a agenda islâmica e assumia como bandeira a soberania dos territórios palestinos, implicitamente reconhecendo a solução de dois estados.

P fato é que, quando as urnas foram apuradas, o Hamas tinha conquistado 76 cadeiras, contra apenas 43 do Fatah, em eleições consideradas limpas e transparentes por observadores da União Europeia. Vitorioso, o partido islâmico propôs a Israel uma trégua de dez anos em troca da devolução completa da Cisjordânia, de Gaza e de Jerusalém Oriental para a constituição do estado palestino. Mas a resposta do estado sionista, apoiado pelos Estados Unidos e pela União Europeia, foi determinar total bloqueio de recursos financeiros que pudessem beneficiar o Hamas, virando as costas para o resultado eleitoral.

Um dos líderes do Hamas, Ismail Haniya, havia sido indicado por Abbas para primeiro-ministro, em um gesto de respeito à vontade popular e favorável à unidade, e aprovado pelo novo corpo parlamentar no dia 21 de fevereiro. Mas as sanções ocidentais se expandiram para toda a Autoridade Palestina, com Israel e seus aliados declarando que a normalização somente seria possível com o afastamento do Hamas e sua ilegalização. Quem governava o estado sionista, naquele momento, era o centrista Ehud Olmert, do Kadima.

A tensão provocada pelo boicote de recursos aprofundou o conflito entre o Hamas e o Fatah, especialmente na Faixa de Gaza. Como idas e vindas, o governo unitário se manteria até 14 de junho de 2007, em meio a enfrentamentos armados, quando Abbas demite Haniya e dissolve o gabinete, informando que passaria a governar por decreto. O Hamas se rebela contra essa decisão e expulsa o Fatah da região, assumindo seu governo de forma autônoma, desgarrada da Autoridade Palestina.

A partir de então, Israel impôs total bloqueio à Faixa de Gaza, por terra, ar e mar, de bens e pessoas, tornando-o um verdadeiro gueto controlado por um exército de ocupação em suas fronteiras. O argumento era que, sem a presença do Fatah e da Autoridade Palestina, o Hamas usaria o território para a luta armada contra o estado sionista e que isso precisava ser impedido a qualquer custo. O Egito também fechou sua divisa com a parte meridional de Gaza, alegando respeito ao governo Abbas.

Assim começava um cerco que dura dezesseis anos, sobre um território de 365 quilômetros quadrados, no qual vivem 2,1 milhões de pessoas, uma das maiores densidades populacionais do mundo.

Quatro grandes ataques israelenses foram desfechados contra a Faixa de Gaza desde o início do bloqueio: 2008-2009, 2012, 2014 e 2021. Nessas incursões, mais de quatro mil palestinos perderam a vida, a maioria civis, entre os quais cerca de quinhentas crianças, como represália à morte de 106 israelenses em atentados do Hamas.

Na Faixa de Gaza, Israel construiu o maior campo de prisioneiros a céu aberto do mundo, dependendo da solidariedade internacional, porque a água, a eletricidade, a entrada e a saída de pessoas, tudo está controlado pelo estado sionista. Para driblar as restrições fronteiriças e organizar suas forças militares, o Hamas construiu um sofisticado sistema de túneis.

Mesmo com todo esse sofrimento, nos últimos anos a questão palestina vinha sendo cada vez deixada de lado no cenário internacional. Naturalmente foi se acumulando ódio, diante da falta de perspectivas: é este o cenário que explica as ações do Hamas no dia 7 de outubro de 2023.

O que ocorreu nesta data deve ser visto como uma contraofensiva, em meio a uma situação insuportável desde 2007, quando Israel apertou o torniquete do controle colonial. Ainda que sejam lamentáveis e deploráveis as mortes de civis israelenses, além dos excessos de violência e métodos repulsivos, os ataques do Hamas foram uma resposta a décadas de humilhações e massacres. Tampouco seria razoável catalogar o 7 de outubro como resultado de desespero e loucura. Ao contrário, tudo indica um rigoroso cálculo político, embora arriscado e perigoso. Também seria improvável que a organização islâmica tenha desconsiderado que a reação sionista seria de alta intensidade, destinada a destruir seu inimigo e punir coletivamente os palestinos de Gaza.

O Hamas aparentemente tinha cinco objetivos com seus ataques.

O primeiro seria provocar uma Terceira Intifada, alastrando a rebelião também para a Cisjordânia, reconfigurando a unidade palestina sob sua política.

O segundo: envolver o Hezbollah no conflito. O grupo xiita sediado no Líbano e apoiado pelo Irã tem uma capacidade militar bem superior, além de ter adquirido muita experiência na guerra da Síria, quando teve função proeminente para derrotar o Estado Islâmico e os grupos armados financiados pelos Estados Unidos que queriam derrubar o governo Assad. Além disso, o Hezbollah reivindica como uma de suas glórias ter forçado a retirada do exército israelense do sul libanês em 2000.

O terceiro objetivo seria provocar a mobilização militar direta ou indireta do Irã. A mobilização direta seria a participação do Irã no apoio ao Hezbollah e ao Hamas contra o Estado de Israel. A indireta seria o envolvimento da Síria no confronto internacional. O Irã tem o mais poderoso exército do Oriente Médio. É o único exército do Oriente Médio que tem alguma paridade de armas com o Estado de Israel.

O quarto objetivo: impedir e reverter a aproximação em curso da Arábia Saudita e dos Emirados Árabes, entre outras nações muçulmanas, com Israel. A Arábia Saudita e os Emirados Árabes estavam construindo um acordo com o governo Netanyahu, sob a bênção dos Estados Unidos. Esse acordo isolaria de vez a causa Palestina, porque o financiamento da causa dos palestinos, especialmente em Gaza, vem da Arábia Saudita e dos Emirados Árabes, países muçulmanos sunitas que aportam recursos para a Faixa de Gaza. Um acordo deles com Israel significaria o isolamento total da questão palestina.

O quinto objetivo estaria em criar uma comoção mundial e fazer com que a questão palestina voltasse ao centro da agenda.

Portanto, existe uma racionalidade na estratégia do Hamas. Se será ou não bem-sucedida, esta é uma outra história. Se o Hamas e seus aliados serão ou não

Contra o sionismo 37

capazes de suportar a escalada militar de Israel, também é outra questão. Mas é preciso reconhecer que há estratégia no que fez o Hamas. Não é uma ação tresloucada. Devemos sempre condenar e lamentar quando os alvos são civis, mas nós devemos levar em conta o conjunto do processo histórico: o Hamas não deu origem a essa situação, o que fez foi responder a uma situação de castigos brutais ao povo palestino.

Os povos têm o direito de lutar contra o colonialismo com quaisquer armas que forem necessárias para enfrentar um Estado colonial, e a resposta de Israel vai deixando claro onde está o terror. Cinicamente Netanyahu disse: "Saiam de Gaza porque nós vamos fazê-la virar pó". Evidente que Netanyahu se aproveita dessa situação para tentar recuperar sua imagem, abalada pelos ataques do Hamas. Mas também para implantar uma antiga estratégia: abrir um novo capítulo de limpeza étnica, controlar parcial ou totalmente a Faixa de Gaza, inviabilizar definitivamente os Acordos de Oslo e debilitar ainda mais a Autoridade Palestina.

A luta do Estado de Israel não é contra o Hamas, é contra o povo palestino. Como lembramos, o Hamas foi eleito em 2006 para dirigir os palestinos na Faixa de Gaza. Não tomou de assalto o governo. A reação do Estado de Israel é uma luta contra os palestinos travestida de resposta às ações do Hamas.

Finalmente, como nós, que não somos israelenses nem palestinos, devemos atuar ema resposta a essa situação? Como se sabe, sou de origem judaica por pai e mãe. Minha família é uma família antissionista, uma família de tradição de esquerda comunista e antissionista. Na minha condição de judeu, entristeço-me com as mortes que ocorrem em Israel e com as que ocorrem entre os palestinos. Mas, fundamentalmente, o que eu penso ser o nosso o dever, o dever dos democratas e dos progressistas do mundo inteiro e, em particular, dos judeus de esquerda e dos judeus progressistas, é denunciar abertamente o estado criminoso e pirata de Israel, prestando solidariedade incondicional à resistência palestina.

Quaisquer tentativas de relativizar a solidariedade à resistência palestina devem ser repudiadas, especialmente a "teoria dos dois demônios", que aponta como igualmente malignos o governo de Netanyahu e o Hamas. Isso é falso. Estamos assistindo ao novo capítulo de uma velha história: o expansionismo bélico e criminoso do estado colonial de Israel contra os palestinos, que resistem com os métodos e as armas ao seu alcance, como está previsto no direito internacional e corresponde à experiência histórica.

# II. O QUE É O SIONISMO?

Não é possível compreender a história e a natureza do Estado de Israel e sua relação com o povo palestino sem levar em conta a doutrina que rege seus passos: o sionismo. Ao contrário do que muita gente pensa, não é a religião judaica que determina a natureza do Estado de Israel, mas uma corrente político-ideológica fundada em 1897 pelo jornalista húngaro Theodor Herzl, autor do livro *O Estado Judeu*. A expressão "sionismo" foi utilizada pela primeira vez pelo escritor austríaco Nathan Birnbaum, em 1892, e remete ao Monte Sião, uma das Colinas de Jerusalém, onde se encontrava no passado bíblico o Templo de Salomão. A tese central do sionismo era criar um país que abrigasse o povo judeu espalhado pelo mundo desde o ano 70 depois de Cristo, quando o Império Romano destruiu Jerusalém e deu início à chamada Segunda Diáspora. A Primeira Diáspora havia ocorrido no ano 587 antes de Cristo, quando o império babilônico comandado por Nabucodonosor I invadiu o Reino de Judá e deportou os judeus para a própria Babilônia. Esse êxodo judaico tinha começado até antes, em 722 antes de Cristo, quando o Reino de Israel, ao norte, foi destruído pelos assírios.

Não havia consenso, na diáspora judaica, que se concentrava na Europa, especialmente em sua porção oriental, sobre a proposta de Herzl. Muitos grupos judaicos eram integracionistas e defendiam que as suas comunidades existissem incorporadas aos países para os quais seus antepassados tinham emigrado, mesmo que mantendo suas tradições, crenças religiosas e até mesmo o seu idioma.

Essa corrente integracionista era composta tanto por grupos laicos quanto por certos ramos religiosos. Os primeiros, bastante influenciados pelo movimento socialista e o pensamento de Karl Marx, um judeu alemão, acreditavam que o fim da perseguição antissemita estava associado à superação da sociedade de classes, não a uma solução de tipo racial. Os segundos se vinculavam às interpretações ortodoxas de textos sagrados, nas quais estaria prescrito que o encerramento da diáspora e a reconstituição do Reino de Israel estavam subordinados à prévia chegada do Messias.

As concepções de Herzl, no entanto, tinham amplas condições de prosperar. Elas se baseavam no brutal antissemitismo disseminado nos países europeus e também na história milenar de perseguição aos judeus. Era atraente para muitos judeus a ideia de existir um estado no qual essa etnia estivesse protegida e pudesse reconstituir uma nação. O discurso de um estado judeu dialogava com o sentimento de medo que havia atingido frontalmente os judeus a partir da transição entre as idades média e moderna, quando desponta um ódio racial associado à raiva social contra a classe de mercadores e rentistas, fortemente representada pela função econômica do judaísmo.

Esse ódio se encarnaria, antes do século XX, em episódios relevantes, como a expulsão dos judeus da Península Ibérica, a Inquisição católica e os *pogroms* na Europa oriental, particularmente no Império Russo e na Polônia. O pânico judaico, particularmente nos segmentos menos cultos e politizados, alimentava a pretensão sionista.

Três anos antes do sionismo virar um movimento organizado, em 1897, explode na França o *Caso Dreyfus*, um escândalo de espionagem que levaria o capitão judeu Alfred Dreyfus à prisão perpétua, condenado por traição em favor da Alemanha. A sentença se deu baseada em provas forjadas, desatando uma onda de fúria contra os judeus franceses. Anos depois, a inocência de Dreyfus seria reconhecida, e o oficial seria libertado. O ambiente europeu, contudo, oferecia livre curso ao pensamento de Herzl. Mas quem eram os judeus? Não é uma resposta simples. Intelectuais judeus relevantes como Shlomo Sand, do Departamento de Ciências Humanas da Universidade de Tel Aviv e autor da clássica obra *A invenção do povo judeu* (Benvirá, 2011), questiona até mesmo se os judeus podem ser considerados um povo. Ele afirma que a compreensão dos judeus como um povo teria sido uma criação do próprio sionismo. Vejam o que afirmou Sand em entrevista que me concedeu há exatos dez anos, em 2013:

> O judaísmo como raiz étnica foi forjado pelo sionismo para dar sustentação ao seu projeto. Os judeus se constituem de vários povos com culturas e histórias distintas, formados também por grupos convertidos que assumiram uma mesma identidade religiosa, mas a homogeneidade como um povo desprovido de território era indispensável para o raciocínio sionista.[1]

---

1 ALTMAN, Breno. Opera Mundi, 2013. Disponível em: https://operamundi.uol.com.br/politica-e-economia/28859/sionismo-apesar-das-divisoes-permanece-como-doutrina-oficial

De toda forma, judeus não constituem uma nacionalidade e tampouco podem ser resumidos como seguidores de uma religião, pois muitos judeus são ateus ou agnósticos. Sua provável origem mesopotâmica, depois enraizada em Canaã, romanizada como Palestina, está muito distante no tempo para ser caracterizada como uma identidade nacional. Sua transformação de agricultores em mercadores, na diáspora, fez com que preservassem acima da média dos povos nômades seus valores e tradições, até como medida protetiva em sociedades que lhes eram dependentes e hostis. Ainda assim, o judaísmo é uma categoria cuja identidade somente pode ser definida como síntese de uma complexa história étnica, cultural e religiosa.

Os judeus são povos semitas, como os árabes, isso é, têm como principal conjunto linguístico os idiomas semíticos que se referem aos descendentes de Sem, filho de Noé. Essa é a explicação bíblica e esse é o nome ao qual se recorreu para classificar essa família de línguas, na qual estão o hebraico e o árabe.

Mesmo tendo uma origem comum na Mesopotâmia, por volta do ano 2000 antes de Cristo, de famílias imigrantes que depois foram para Canaã, atual Palestina, a longa diáspora fez com que os judeus se diferenciassem bastante. Os dois principais grupos judaicos são os *asquenazes*, judeus da Europa Oriental e Central, e o *sefarditas*, judeus de origem ibérica que, no século XV, foram expulsos da região, emigrando para o norte da África e o Império Otomano. Apesar de se sustentar sobre textos que datam dos reinos de Israel e Judá na Antiguidade, a mesma religião recebeu diferentes interpretações e práticas. O judaísmo como religião jamais foi centralizado como o catolicismo. Com o idioma aconteceu um processo semelhante. O hebraico clássico era a língua dos judeus em Canaã no período antigo dos reinos de Israel e Judá. Depois, o hebraico clássico se tornaria uma língua morta, com a adoção do aramaico, quando os judeus são levados para cativeiro na Babilônia. Reviveria no retorno a Canaã, a partir de 537 a.C, mas novamente entraria em declínio com a segunda diáspora. Somente voltaria a ser idioma disseminado no final do século XIX, quando um antigo revolucionário russo, Eliezer Ben-Yehuda, linguista, desenvolveria o hebraico moderno.

Na Europa Central e Oriental, predominava o ídiche. Esse era o idioma da diáspora, depois renegado pelo sionismo. Preservava a forma gráfica do hebraico e certas palavras, mas era essencialmente um dialeto derivado do alemão arcaico, o que representava a influência da tendência integracionista pré-sionismo.

Portanto, os judeus não eram uma nacionalidade desprovida de território ou dominada por estados coloniais, mas uma etnia heterogênea, que o sionismo iria agrupar sob um discurso supostamente de libertação nacional. A consigna do sionismo buscava sintetizar essa lógica inicial: "Uma terra sem povos para um povo sem terras". Ou seja, encontrar um lugar no qual pudesse ser instalado um estado étnico que fosse institucionalizado como representação nacional.

O primeiro congresso sionista se realizaria na Basileia, na Suíça, em 1897, sob o comando de Theodor Herzl. Nesse encontro se discutiu onde deveria ser instalado o estado judeu. Parte dos duzentos delegados presentes inclinava-se por opções como a Patagônia (Argentina), Uganda ou Congo. Esses delegados não queriam incomodar nenhum povo que já estivesse ocupando uma terra e acreditavam que os territórios sugeridos constituíam-se de vazios demográficos. Mas a maioria dos delegados decidiu pela ancestral Palestina, a Canaã bíblica do Reino Unido de Israel e Judá.

Essa região, no entanto, estava ocupada por árabes-muçulmanos, com a presença de uma reduzida minoria judaica, inferior a 10% dos 450 mil habitantes registrados por volta de 1890. A consigna original do sionismo na sua origem, "uma terra sem povos para um povo sem terras", acabou enterrada. A doutrina racial do sionismo, então, passa a alimentar uma confrontação contra o povo que já ocupava a terra onde o sionismo queria criar o estado judaico.

Além de recorrer às tradições históricas para propor o retorno à Palestina, a opção de criar o estado judaico naquela região atendia à estratégia de apelar à religião para mobilizar contingentes maiores de interessados no *retorno*. Ainda que o sionismo fosse inicialmente laico, a religião dava ao sionismo dois elementos discursivos muito importantes, duas ideias-chave. A primeira era a de "povo eleito", e a segunda, a de "terra prometida". A fusão entre esses dois conceitos edificava uma ponte, com justificativa divina, entre a supremacia racial e seu direito natural à Palestina. Para ajustar o pensamento religioso a seus planos, o sionismo iria inspirar um movimento reformista no rabinato para aceitar a reconstrução de Israel antes da chegada do Messias e para torná-la viável. Para animar os chefes desse movimento, o futuro estado judaico prometia muitos privilégios e poderes para os rabinos.

Além de definir o território para o projeto advogado pelo sionismo, o encontro de Basileia criou a Organização Sionista Mundial, com a missão de impulsionar o fluxo imigratório judaico para a Palestina, organizando comunidades agrícolas e cidades que fossem alterando a demografia do território, preparando as condições para o sonho étnico-nacional partilhado por correntes sionistas de várias colorações. O início do processo de ocupação da Palestina pelos sionistas não foi militar, mas comercial e financeiro. A Organização Sionista Mundial arrecadava dinheiro junto à burguesia judaica da Europa Ocidental e depois dos Estados Unidos. Criava fundos, e esses fundos compravam terras na Palestina e financiavam a migração de judeus da Europa Oriental e também da África, ou seja, tanto judeus *asquenazes* quanto judeus *sefarditas*, para Israel. Essa foi a primeira estratégia, uma ocupação econômica da Palestina, comprando terras dos árabes muçulmanos que ali viviam.

Depois da morte de Herzl em 1904, os chamados "sionistas socialistas" vão paulatinamente ganhando hegemonia no movimento. O modelo de sociedade que defendiam combinava o sionismo com bandeiras do reformismo social-democrata, propondo a criação de cooperativas e fazendas coletivas, além de uma forte Central Sindical, como eixo de uma nação que mescIaria particularismo racial e justiça social ao menos entre os pares.

Essa suposta esquerda sionista diferia da ala direita por conta do modelo econômico-social, mas abraçava a mesma tese fundamental, a de um estado sob supremacia judaica, sob o qual defendiam uma sociedade de bem-estar social para quem pertencesse à etnia hegemônica, cuja eventual flexibilidade poderia permitir a integração de etnias subalternas.

Os principais fundadores do Estado de Israel vieram desse campo que se chamava sionismo socialista ou trabalhista, a começar pelo primeiro chefe de governo, David Ben-Gurion. Todos os primeiros-ministros até 1977 tinham a mesma origem. Esse foi o grupo que comandou as primeiras etapas de limpeza étnica contra os palestinos.

Foi sob o comando de Ben-Gurion e seus parceiros que foram conduzidas as três etapas de implementação do plano sionista. Na primeira, como já me referi, a aquisição de terras e o estímulo à imigração, em uma colonização por povoamento que ampliasse a presença demográfica judaica na região. Na segunda, o estímulo à segregação, com a fundação de instituições educacionais, sanitárias, culturais, políticas e militares exclusivamente judaicas. Na terceira, que viria a ser atingida somente depois da Segunda Guerra Mundial, a oficialização do estado judeu dentro de um determinada parcela do território palestino e seu reconhecimento internacional.

Mesmo assim, Ben-Gurion viria a revelar, em vários discursos, que a Partilha de 1947 era apenas um ponto de partida. Aos poucos, o estado judeu deveria se expandir até os limites da bíblica terra de Israel. Com isso, incorporaria não apenas toda a Palestina, mas também pedaços da Síria, o sul do Líbano e o norte do Egito.

Quando Israel foi criado, em 1948, no mesmo ano surgia outro regime de corte racial, o apartheid sul-africano, estabelecido pelo pastor protestante Daniel François Malan, que dividia as etnias em castas com direitos distintos, de tal sorte que a minoria branca e bôer pudesse exercer seu domínio. Os judeus também eram minoria na Palestina, mas os sionistas encontraram um outro caminho para impor o poder: converter-se em maioria através da expulsão em massa dos palestinos, uma política de limpeza étnica que atingiria seu auge após a primeira guerra árabe-israelense. As regras discriminatórias, no caso de Israel, seriam aplicadas às novas minorias.

A esquerda sionista, porém, competia com uma ala direita, mais radical em sua doutrina étnico-

-nacional e desprovida de qualquer compromisso com distribuição de renda e riqueza sequer entre os judeus. Esse setor conservador, conhecido como sionismo revisionista, era liderado por Vladimir Jabotinsky. Nos anos 1920, ele anunciou a intenção de "reviver o espírito e a doutrina verdadeiramente hertzianos", contrapondo-se às ideias social-reformistas de Ben-Gurion. Seu objetivo era exacerbar os aspectos racistas e nacionalistas da doutrina. Para a direita sionista, as questões étnicas têm um peso maior, e isso também repercutia em relação à estratégia frente aos palestinos: enquanto os segmentos da chamada esquerda sionista, ao eclodir a Primeira Guerra Mundial, defendiam algum tipo de negociação com os árabes, a direita sionista apostava na confrontação.

A direita sionista participa dos combates ao lado da Grã-Bretanha, durante a Primeira Guerra, constituindo a Legião Judaica. Com a destruição do Império Turco-Otomano, que desde 1517 controlava a Palestina, Jabotinsky imaginava que os sionistas poderiam ocupar imediatamente toda a região, incluindo o território atualmente integrado pela Jordânia. A esquerda sionista não concordava com essa política e tampouco os ingleses queriam confrontar os árabes, com os quais também tinham alianças.

Após o confronto mundial, Jabotinsky incentivaria a criação de estruturas militares para a disputa de terras contra os árabes, além de se lançar na luta armada contra o Mandato Britânico a partir dos anos 1930. A direita sionista queria acelerar a limpeza étnica por meios militares e desconfiava que o Reino Unido poderia trair ou adiar a realização do compromisso estabelecido pela Declaração Balfour[2]. Na esteira desta concepção, o sionismos revisionista criaria braços paramilitares como o *Irgun* e o *Lehi*.

Ambos foram falanges do sionismo que recorreram à violência contra alvos militares e civis, operando exatamente do mesmo modo que atualmente seus sucessores abominam no Hamas. Ficou célebre a explosão, em 1946, na cidade de Jerusalém, do Hotel Rei Davi, organizada por Menachem Begin, dirigente do *Irgun* e que seria primeiro-ministro de Israel de 1977 a 1983. Ao todo, 91 pessoas morreram no atentado, entre funcionários do governo inglês, familiares e empregados do estabelecimento.

---

2  Carta datada de 2 de novembro de 1917, assinada pelo então secretário britânico dos Assuntos Estrangeiros, Arthur James Balfour, e enviada ao Barão de Rothschild, líder da comunidade judaica do Reino Unido. A carta afirma a intenção do governo britânico de facilitar o estabelecimento do "Lar Nacional Judeu" na Palestina, em caso de vitória da Inglaterra sobre Império Otomano.

O grupo *Lehi*, por sua vez, dedicou-se a uma escalada de atentados contra representantes da coroa britânica. Junto com o *Irgun*, participou do massacre de Deir Yassin, em 1948, atacando uma aldeia palestina e assassinando 107 palestinos, incluindo mulheres e crianças, alguns com tiros à queima roupa, outros vítimas da explosão de granadas atiradas contra suas casas. Um dos dirigentes do *Lehi* era Yitzhak Shamir, que também lideraria o governo israelense, em duas oportunidades, 1983-1984 e 1986-1992.

As duas organizações se fundiriam, ainda em 1948, para fundar o Herut, o principal partido da direita sionista, que em 1973 se transformaria, com a adesão de outros grupos menores, no Likud, agremiação do atual primeiro-ministro, Benjamin Netanyahu. Quando surgiu o Herut, várias figuras de destaque do judaísmo, como o físico Albert Einstein e a filósofa Hannah Arendt, publicaram carta no *The New York Times* na qual manifestaram sua opinião sobre a nova sigla. Neste texto, eles afirmam explicitamente: "Nas suas formas de organização, nos seus métodos, na sua filosofia política, o Herut tem um parentesco muito estreito com os partidos nazis e fascistas."

Apenas em 1977 o sionismo revisionista alcançaria o governo, com a vitória do Likud, liderado por

Begin, e comandaria o país por 36 do 46 anos que se passaram desde então. O mais longevo dos chefes de governo desse partido é Netanyahu, que cumpria o seu sexto mandato como primeiro-ministro quando do 7 de Outubro de 2023, em um total de dezessete anos. No mesmo período em que a direita sionista passou a ser predominante, o sionismo trabalhista foi encolhendo e desidratando. A principal oposição ao Likud, dentro do sionismo, vem de setores centristas dispersos, liderados em sua maioria por antigos filiados do próprio Likud.

Benjamin Netanyahu conseguiu aprovar no Knesset, o parlamento, em 2018, uma lei básica, que reconheceu enfim o caráter judaico do Estado de Israel. Isso estava estabelecido desde 1948, mas nunca havia sido formalizado. Essa decisão corrobora definitivamente a natureza racista de Israel, pois institucionaliza a supremacia de uma etnia sobre as demais, incluindo a primazia de seu idioma e religião. Quinze porcento da população é formada por árabes-israelenses, os palestinos que não saíram de Israel depois de 1948 e seus descendentes.

Outro componente importante durante as administrações do Likud foi o fortalecimento dos partidos religiosos. A religião teve um papel estratégico sobreposto na definição do caráter judaico da nação e no pacto oferecido por Ben-Gurion. Por exemplo, os casamentos são realizado exclusivamente pelo rabinato e não há matrimônios civis. Quem quer casar em templos de outras religiões precisa obter, primeiramente, uma autorização dos rabinos encarregados, ficando um vazio legal para o casamento de quem não comunga de crenças religiosas.

Desde Ben-Gurion, as vertentes religiosas foram recebendo vários privilégios. Com a direita sionista, sob os governos do Likud, essa prática foi mais longe. Netanyahu avançou para consolidar o racismo e o colonialismo como fundamentos do Estado de Israel, e também acelerou sua conversão teocrática, com a fusão da doutrina étnica-nacional com a religião. Esse alinhamento tem sido estimulado por benefícios materiais importantes, a exemplo da alocação de milhares e milhares de religiosos nos assentamentos judaicos na Cisjordânia ou de sua remuneração pelo Estado de Israel sem qualquer contrapartida laboral, apenas para continuarem os estudos dos textos sagrados.

O sionismo esteve condenado pelas Nações Unidas, de 1975 a 1991, através da resolução 3379, como uma forma de racismo, comparada ao sistema do apartheid. Com o fim da União Soviética, os Estados Unidos conseguiram abolir essa resolução

Contra o sionismo 57

na Assembleia Geral da ONU. Ainda assim ficou
evidente a falsidade praticada quando os defenso-
res dessa corrente tentam identificá-la com a própria
condição judaica ou como a ideologia da autodeterminação nacional do povo judeu.

O sionismo é uma doutrina que vincula supremacia e território, etnia e colonização. Não possui
um conteúdo imperialista, como o nazismo, pois não
pretende o domínio exógeno, mas somente dentro
de uma região determinada, a Palestina, reivindica-
da por ancestralidade histórico-divina. Sem ser imperialista, no entanto, é colonial, já que pressupõe a
expropriação de terras e direitos de um outro povo.

# III. ISRAEL:
# DEMOCRACIA OU APARTHEID?

Uma das afirmações preferidas por sionistas de todas as orientações é a de que o Estado de Israel seria "a única democracia do Oriente Médio". Mesmo aqueles setores do sionismo que se opõem à coalizão de Benjamin Netanyahu, de extrema direita, carregam como a bandeira "a defesa da democracia israelense".

Mas, afinal, a democracia israelense é um fato ou um mito do sionismo?

Na aparência, o Estado de Israel parece com uma democracia liberal tradicional, é verdade. Trata-se de um regime parlamentarista, com eleições periódicas para o Knesset, a palavra em hebraico para parlamento, com 120 cadeiras. O partido, ou a coalizão, que reunir 61 deputados assume o governo. Ao menos formalmente, há plena liberdade partidária e de imprensa.

Desde a fundação do Estado de Israel, a ampla maioria das vagas no Knesset é controlada por partidos sionistas, da extrema direita à centro-esquerda, incluindo partidos religiosos. Mas isso não impede a existência de legendas árabes, como o Balad, de direita, ou o Hadash, a frente de esquerda, antissionista, liderada pelo Partido Comunista.

O país não tem uma Constituição, é regido pelas chamadas leis básicas, que até o momento garantem alguns pressupostos da democracia liberal, incluindo um Poder Judiciário relativamente independente. Visto de fora e de longe, o Estado de Israel realmente parece uma democracia ao estilo europeu, liberal. Mas e se analisarmos de perto?

A Corte Suprema de Israel, em julho de 2021, manteve uma decisão do Knesset, de 2018, que define Israel como o estado-nação do povo judeu. Desde sua criação, essa concepção esteve presente, de forma tácita. Agora possui uma consolidação institucional, referendando um estatuto de supremacia étnica, mesmo com 20% da população do país tendo outras origens étnicas, sem falar das pessoas que vivem nos territórios palestinos ocupados.

Todos os não-judeus passaram a ser formalmente. considerados cidadãos de segunda classe, com o hebraico se tornando o único idioma oficial do país. A lei também determina que apenas os judeus têm direito à autodeterminação, cabendo as minorias nacionais aceitarem um papel subalterno.

Essa legislação sacramentou aquilo que sempre foi claro no sionismo: seu propósito, desde a origem, era criar um Estado racial, não um Estado nacional, em um sistema no qual a hegemonia judaica fosse garantida a partir de múltiplos mecanismos segregacionistas.

O mais conhecido desses instrumentos vem desde 1948. Qualquer judeu da diáspora que for para Israel é imediatamente recebido e reconhecido como cidadão pleno. Um refugiado árabe, cuja família tenha vivido até 1948 nas terras hoje dominadas pelo Estado sionista, não tem o mesmo direito.

Não há nada semelhante no mundo. Mesmo os Estados religiosos, as teocracias, não se definem pelo domínio de uma etnia sobre as demais. Como expressão formal de nacionalidades, os Estados modernos não possuem recorte por raça ou etnia, ao menos não de forma explícita e institucional.

Esse racismo institucional é consolidado por cinco outras leis relevantes, além da Lei do Estado-Nação que declara Israel como Estado judeu.

## Lei de cidadania e entrada em Israel

Aprovada em 2003, esta norma impede que cônjuges de cidadãos israelenses e seus filhos obtenham automaticamente vistos de residência e cidadania se forem procedentes dos territórios palestinos ou de países considerados hostis, como Irã, Líbano, Síria e Iraque. Uma cidadã árabe-israelense, ao ter filhos com alguém da Cisjordânia ou da Faixa de Gaza, não pode transferir a cidadania para seus descendentes, por exemplo.

## Lei do retorno

Aprovada em 1950, estabelece que qualquer judeu no mundo pode imigrar para Israel e obter cidadania. Essa norma não vale para os refugiados árabes que viviam nos atuais territórios israelenses até 1948, ou para seus descendentes.

## Lei de Terras

Aprovada em 1960, levou a que mais de 90% das terras do país fossem controladas pelo Estado, que concede sua administração para entidades sionistas, como o Fundo Nacional Judaico, cujos estatutos somente permitem alugar essas terras para judeus.

Como consequência desta lei, os árabes-israelenses ocupam apenas 3,5% do território, apesar de representarem 21% da população.

## Lei da Nakba

Aprovada em 2011, essa lei determina a retirada de financiamento público de toda e qualquer instituição que promover a Nakba como luto e tragédia do povo palestino, em memória dos mais de 700 mil palestinos expulsos de suas terras em 1947-1848. Este é um dos principais mecanismos de combate contra a memória dos árabes que vivem em Israel.

## Leis de emergência

Tratam-se de diversos mecanismos herdados da época do Mandato Britânico sobre a Palestina, com um conjunto de 170 artigos. Essas leis estabelecem, por exemplo, a proibição de os árabes ocuparem terras fora de áreas especificadas por eventual ordem militar; a possibilidade de detenção, sem julgamento, de qualquer palestino considerado suspeito de "terrorismo", por tempo indefinidos; a admissibilidade da expulsão de árabes do país; o fechamento de qualquer área do país por razões de segurança, como prelúdio para expropriação e entrega dessas regiões para colonização judia.

Tudo piora se levarmos em conta os territórios ocupados, na Cisjordânia e na Faixa de Gaza.

O Estado de Israel, além de cercar e bloquear esses territórios, com muros e esquemas de segurança que impedem a livre movimentação dos palestinos, também controla fornecimento de água e energia elétrica, coleta de impostos e comércio exterior, além de impor sua própria moeda. Mais de cinco milhões de palestinos vivem submetidos a um regime marcial, sem quaisquer direitos civis, sob instituições políticas sem soberania, que funcionam como gendarmes de um Estado colonial, como é o caso da Autoridade Palestina.

As leis racistas e coloniais fazem do Estado de Israel um dos mais repressivos do mundo. Segundo a Anistia Internacional, até 7 de outubro, eram 5.200 os palestinos presos em Israel por crimes políticos vinculados à resistência anticolonial. Destes, 1.264 estavam detidos por ordem administrativa, sem julgamento e sem prazo para sua libertação. Do total de presos, cerca de 700 têm menos de 18 anos.

Sob o amparo das chamadas Leis de Emergência, o Estado de Israel emite draconianas ordens militares até contra menores de idade. A Ordem Militar 1726, por exemplo, estabelece que crianças podem ser mantidas em prisão preventiva durante 15 dias sem acusação formal, podendo um tribunal militar prorrogar essa detenção por 10 dias até 40 vezes. Ao abrigo da Ordem Militar 132, a partir dos 16 anos palestinos podem ser julgados e condenados como adultos.

Ainda que as forças armadas israelenses, denominadas Forças para a Defesa de Israel, estejam subordinadas ao poder civil, é intensa sua participação no cotidiano do país e de suas instituições, além de serem responsáveis pelo regime marcial que vigora nos territórios ocupados. Todos os primeiros-ministros, desde 1948, com exceção de Golda Meier, foram altos oficiais militares.

A existência de leis segregacionistas e repressivas é acompanhada também por expedientes que reforçam o judaísmo como religião oficial. O rabinato, por exemplo, tem o monopólio da realização de casamentos, inexistindo matrimônio civil. A influência se estende também pela educação pública e outras atividades fundamentais. São robustos os fundos destinados às escolas religiosas, às sinagogas, à indústria cultural talmudiana e ao financiamento de colonos rabínicos dos assentamentos judeus nos territórios da Cisjordânia.

À medida em que se consolidou a legislação racial, aumentou a influência da religião como elemento estruturante da identidade judaica, com o Estado abandonando qualquer resquício de laicidade. Como resultado da paulatina teocratização, os partidos religiosos ganharam força eleitoral, organizando e representando um amplo contingente populacional.

Nos meses que antecederam os ataques de Outubro de 2023, a direita sionista que governava o país vinha se empenhando em verticalizar ainda mais as ferramentas de controle social, para enfrentar as inúmeras contradições que fragmentam a sociedade israelense. Antes do cenário precipitado pelos acontecimentos do dia 7 de outubro, estava em votação uma reforma que buscava esvaziar o poder da Corte Suprema. Uma das medidas propostas é o direito de o parlamento anular decisões da mais alta esfera judicial.

O Poder Judiciário funciona pelo princípio da razoabilidade. Como Israel não tem Constituição para ser interpretada, as decisões da Corte Suprema se guiavam pelas leis básicas. Este corpo legal, no entanto, tem um escopo limitado, o que obrigava os juízes a prolatarem sentenças conforme o senso comum capturado e definido entre os pares. Com a reforma proposta por Netanyahu, os códigos decisórios passaram a ser as tradições e os valores da religião judaica.

O fato é que o sionismo construiu um estado de *apartheid* muito distante de qualquer modelo democrático. Antes de mais nada, por recusar o princípio basilar de direitos iguais para todos. No seio do Estado étnico e colonial, passou a existir um verdadeiro sistema de castas, combinando medidas legais com práticas sociais. A população de Israel, excluídos os palestinos dos territórios ocupados, é de 9,7 milhões habitantes. Deste total, os judeus representam 73,5%, ou 7,2 milhões. Os árabes-israelenses alcançam 21%, com 2 milhões de indivíduos. Os restantes 5,5%, aproximadamente 600 mil pessoas, estão classificados como "outros" pelo censo do país.

Os judeus asquenazes, de origem europeia, vivem a democracia plena, gozando de amplas garantias coletivas e individuais, além de usufruírem da maior parte da renda nacional e de lhes serem outorgados privilégios torrenciais. Cursam as melhores universidades, constituem a maioria dos empresários e ocupam as profissões de maior prestígio.

Os judeus sefarditas, que vieram do norte da África e dos países árabes, formalmente possuem os mesmos direitos, mas estão um degrau abaixo na escala social. Até hoje, por exemplo, Israel somente teve asquenazes na chefia de governo. Uma pequena parte dos judeus sefarditas enriqueceu, mas geralmente se ocupando de negócios menos destacados e de trabalhos com menor prestígio, além de terem influência relativamente reduzida na vida acadêmica e cultural.

Ainda entre os judeus, com os mesmos direitos legais, entre outros grupos menores, estão os etíopes, chamados de Beta Israel, ou pejorativamente *falashas* (significa exilados, estranhos). São aproximadamente 160 mil judeus negros, cuja renda é 40% abaixo da média – e 38,5% das famílias vivem abaixo da linha de pobreza.

Depois estão os cidadãos árabes-israelenses, assim classificados porque suas famílias permaneceram no território designado pela Partilha de 1947 para a constituição do Estado judeu. Nessas camadas, os direitos já são mais restritos, pois estão submetidos às leis de segregação antes descritas.

Por fim, chegamos aos palestinos dos territórios ocupados, sequer contabilizados na população, com 5,2 milhões de pessoas na Cisjordânia e Faixa de

Gaza. Esses não têm direito algum. Vivem sob férrea ditadura militar, cercados por muros, sem autonomia para coisa alguma, impedidos de circular fora de suas áreas sem permissão.

Abolidas as normas raciais e coloniais, a Palestina histórica, atualmente colonizada pelo sionismo, teria 14,9 milhões de habitantes – 7,1 milhões de judeus, 7,2 milhões de árabes e 600 mil de outras etnias ou fé religiosas.

De toda forma, poderíamos resumir as características do regime sionista como democracia para os judeus e ditadura para os árabes-israelenses e palestinos. Há pequenas minorias, não-judaicas, que eventualmente usufruem direitos semelhantes aos judeus, como os drusos, além de árabes-israelenses integrados às instituições sionistas. Mas também na África do Sul havia grupos étnicos associados ao sistema de apartheid, utilizados como fator de divisão e controle.

Setores sionistas de oposição costumam afirmar que a ruptura da "democracia israelense" estaria ocorrendo somente nos últimos anos, graças à extrema direita, apontando para o papel do governo de Benjamin Netanyahu. Essa conclusão é evidentemente falsa. A atua gestão apenas aprofunda deformações que sempre estiveram presentes, desde a criação de Israel, frutos de seu caráter estruturalmente racista e colonial. Não houve nem está havendo mudança de regime político. A violência aberta, em maior ou menor escala, é intrínseca a Estados coloniais. Nos estados normais da democracia burguesa pode-se, por mecanismos ideológicos, convencer parte da classe trabalhadora que o capitalismo é promissor. Pode-se convencer os filhos da classe trabalhadora de que, por conta dos seus méritos individuais, seria possível sair da pobreza para a riqueza. Mas é muito difícil, em situações coloniais, manter povos subjugados sem recorrer prioritariamente a instrumentos brutais de coerção.

Não importa a ala do sionismo governando Israel, jamais houve democracia para todos, nem mesmo em seu sentido liberal, pois o corte racial determinava uma exclusividade judaica.

# IV. ANTISSEMITISMO: VERDADES E MENTIRAS

Quase todas as vezes em que o Estado de Israel é criticado ou combatido, os sionistas respondem com uma acusação na ponta da língua, atribuindo a esses críticos uma atitude antissemita. Desde que o sionismo foi fundado, no final do século XIX, essa corrente político-ideológica fez o possível e o impossível para ser confundida com o próprio judaísmo, buscando transformar o que é apenas uma doutrina em uma identidade étnico-nacional.

Mas basta uma análise dos fatos históricos para observarmos que antissemitismo nada tem a ver com antissionismo. O antissemitismo, como veremos a seguir, responde pelo processo de discriminação e perseguição aos judeus. O antissionismo resume-se ao combate a um determinado campo doutrinário, fundado sob a liderança do húngaro Theodor Herzl, no final do século XIX, e corporificado no Estado de Israel a partir dos paradigmas étnicos e coloniais cristalizados por essa orientação. No terceiro capítulo deste livro, abordamos mais a fundo o sionismo, sua origem e trajetória. Agora é hora de detalharmos o antissemitismo, as verdades e mentiras sobre esse fenômeno tão antigo.

Vamos recordar, antes de mais nada, o significado do termo. "Semita" é uma classificação linguística, atribuída a uma família afro-asiática de idiomas na qual encontramos tanto o hebraico quanto o árabe, mas também o acádio, o amárico, o aramaico, o assírio, o maltês e o trigrínia, entre outras. A palavra semita está na *Bíblia*, no livro do *Gênesis*, referindo-se a Sem, versão grega do hebraico Shem, um dos três filhos de Noé, e serviu para registrar povos com traços idiomáticos-culturais semelhantes, dentre os quais nasceriam as três grandes religiões monoteístas do mundo: o judaísmo, o cristianismo e o islamismo. Desses povos semitas, continuam existindo apenas hebreus, ou judeus, e árabes. Arameus, assírios, babilônios, fenícios e caldeus, por exemplo, fundiram-se com outros povos ou simplesmente desapareceram ao longo da história.

Contra o sionismo 77

Enquanto os árabes se espalharam pelo Oriente Médio, os hebreus migraram, a partir do século 20 a.c., da Mesopotâmia para Canaã, como era chamada a Palestina antes de assim ser rebatizada pelos romanos.

Apesar de ambos povos serem da mesma família linguística, o antissemitismo está associado ao ódio contra judeus. A expressão apareceu primeiramente no século XIX, na Alemanha, quando as chamadas ciências raciais faziam certo sucesso. O jornalista Friedrich Wilhelm Adolph Marr, em 1873, para dar maior cientificidade ao termo popular *Judenhass*, ódio aos judeus, teria cunhado ou ao menos popularizado o conceito de antissemitismo.

Mas qual seria a origem do ódio aos judeus, do antissemitismo?

Diversos historiadores atribuem esse rancor ao fato de os judeus, mesmo em sua milenar diáspora, jamais terem abandonado sua lógica nacional ou suas crenças religiosas, sendo sempre um corpo estranho nas nações que os acolhiam. A incompatibilidade, portanto, derivaria de uma certa identidade essencial, sem relação direta com o desenvolvimento do processo histórico. A conclusão dos pensadores sionistas, a partir dessa análise, seria a de apresentar como única solução possível a construção de um

Estado judeu. Ironicamente essa interpretação era uma das variáveis do antissemitismo: a questão judaica somente poderia ser resolvida com o banimento, o isolamento ou o extermínio físico dessa etnia.

Seria um célebre judeu alemão, Karl Marx, quem superaria essa visão idealista, no livreto *Sobre a questão judaica*, de 1843, muito antes de o termo antissemitismo existir. "Não iremos encontrar o segredo do judaísmo em sua religião, mas o segredo da religião no judaísmo real", escreveu. "Devemos descobrir as contradições do Estado com uma religião específica, como o judaísmo, como as contradições do Estado com elementos seculares específicos." Marx, desta forma, propunha compreender o "ódio aos judeus" como a expressão cultural e moral de um determinado processo econômico-social, mergulhada no terreno do conflito entre classes, a partir do entendimento da função histórica do judaísmo.

Até o ano 70 d.C., quando o Império Romano destruiu Jerusalém, em um período concluído pelo massacre da rebelião liderada por Simon bar Kochba, em 135 de nossa era, acabando com um novo Estado hebreu que durou apenas três anos, os judeus eram uma nacionalidade como outra qualquer, tentando manter sua independência. A vitória romana ampliaria a diáspora judaica pelos quatro cantos do mundo.

Contra o sionismo 79

Àquela época, massas judaicas já tinham migrado para territórios dos impérios grego e romano, em um movimento iniciado em 586 a.c., quando o Reino de Judá foi arrasado pelo império babilônico, com milhares de judeus deportados para a Mesopotâmia. Portanto, quando ocorre a segunda diáspora, apenas um quarto dos judeus, ou até menos, ainda vivia na Palestina, segundo o historiador Arthur Ruppin. Nos séculos anteriores já ocorrera uma longa emigração econômica, mesmo depois que os persas, liderados por Ciro, o Grande, derrotaram os babilônios e permitiram o retorno dos judeus a Palestina, em 538 a.c. As condições geográficas, de uma região extremamente montanhosa e seca, tornavam a atividade agrícola insuficiente para a sobrevivência de muitos judeus, que buscaram outras paragens. Quando o fazem, porém, já não era mais na condição de agricultores. A maioria dos judeus, tanto antes quanto depois da diáspora romana, ou da segunda diáspora, iria se engajar no comércio, que já era uma atividade bastante forte na Palestina, por ser um entroncamento entre os vales dos rios Eufrates e Nilo.

Sem terras e com alguma experiência mercantil prévia, os judeus vão se inserir nas sociedades que os recebiam na função de comerciantes, como costumava acontecer com os estrangeiros nas economias dominantemente agrícolas da antiguidade. Morariam nas cidades, em comunidades próprias, formando núcleos urbanos nos quais ofereciam também diversos outros serviços para as grandes propriedades rurais, incluindo o de banqueiros, com o capital proveniente de sua renda mercantil.

Os judeus, portanto, paulatinamente se constituiriam na classe de mercadores e usurários. Nessa condição, cumpriam funções vitais: abasteciam o luxo das elites agrícolas, emprestavam a juros para produtores em crise, financiavam governos e exércitos, patrocinavam artes e espetáculos. Desde o Império Romano até o final da Idade Média, em 1453, quando Constantinopla cai sob controle dos otomanos, os judeus enriqueceriam fortemente e garantiriam vários privilégios associados a essa riqueza e ao seu papel nas sociedades anteriores à modernidade.

Mesmo dependendo das funções exercidas pelos judeus, as classes agrícolas estavam permanentemente em antagonismo com aquele grupo étnico-social que não vivia do trabalho produtivo, enriquecia com a renda alheia e asfixiava com a cobrança de juros as frações rurais em dificuldades. Essa teria sido, segundo Marx, a base material original do antissemitismo. A religião, nesse contexto, era a superestrutura da disputa de classes, tanto na antiguidade escravista quanto no feudalismo medieval, entre os proprietários de terras, de um lado, e os mercadores e usurários judeus de outro. Não era a contradição principal de nenhuma das duas sociedades, ambas marcadas por uma baixa intensidade nas trocas comerciais e financeiras, mas representava um choque real e frontal de interesses.

Os judeus recorriam à religião, nesse cenário, para se proteger das ondas de ira da sociedade agrícola, preservando sua unidade social, para a qual rígidas regras eram fundamentais até para manter o controle de patrimônios e fortunas dentro da comunidade. A identidade religiosa também exercia um papel vital para manter na órbita de gravidade das famílias poderosas os judeus mais pobres, normalmente empregados dos mais ricos. A sinagoga era o templo no qual se construía a coesão do judaísmo sob a hegemonia do capital comercial e rentista. Como disse Abraham Leon, autor marxista do século XX, no célebre livro intitulado *A questão judaica*, "não era a lealdade dos judeus a sua fé que explica sua preservação como grupo social específico, ao contrário: sua preservação como grupo social específico é que explica o vínculo religioso."

Ao redor e por dentro desse sistema étnico-religioso, fabricava-se um mundo cultural cujo grau de instrução era bastante superior à média do universo agrícola, fazendo que os judeus rapidamente virassem referências artísticas e intelectuais, exercendo várias profissões de prestígio, ligadas à educação, ao direito, à nascente medicina e à própria administração.

Por sua vez, as classes agrícolas, após o ano de 313, quando o imperador Constantino se converte ao cristianismo, teriam nesta religião a ideologia da transição para o feudalismo. Não de forma exclusiva, tampouco movido pela lógica da aniquilação, ao menos nos primeiros dez séculos de sua institucionalização, o cristianismo também seria o sistema de valores e ideias através do qual o judaísmo mercador e rentista seria combatido, na forma de uma luta religiosa e de um sentimento antissemita. Aos judeus seria atribuída responsabilidade na morte de Cristo e culpa por inúmeros pecados, como o da usura, além de estigmatizados como uma raça impura e predatória.

Ainda assim, ao longo de todo o período de declínio do Império Romano, do Ocidente ao Oriente, a condição econômica dos judeus só fez melhorar, pois monopolizavam o comércio e as finanças cada vez mais, com o enfraquecimento do governo central e as demandas de créditos dos proprietários de terra que tinham perdido a proteção estatal e a expansão imperial. Esse poderio financeiro e mercantil os protegia do antissemitismo, mesmo quando a Igreja Católica era capaz de lhes impor normas de segregação e limitações diversas. Acabavam adquirindo favores que garantiam segurança e prosperidade.

Os judeus, àquela época, eram um povo, uma etnia e uma classe, tudo ao mesmo tempo, amalgamados por uma religião, como registrou outro marxista, Karl Kautsky, o que não era excepcional nas sociedades pré-capitalistas: classes sociais, nesta etapa, eram frequentemente distinguidas por sua nacionalidade ou raça.

Com o desenvolvimento econômico da Europa Ocidental, do século XII em diante, marcado pelo crescimento das cidades e a formação da burguesia comercial e industrial, no seio dos povos locais, os judeus começariam a viver um visível enfraquecimento de sua posição social, tornando-os mais frágeis diante do antissemitismo, cuja escalada era amparada na crescente independência econômica em relação aos judeus. Perseguidos de forma cada vez mais violenta no Ocidente, pois sua função tornara-se dispensável, os judeus emigrariam para a banda oriental da Europa, mais atrasada, ainda predominantemente feudal e agrária, na qual puderam florescer até meados do século XIX.

Como bem salienta Abraham Leon, ao contrário do senso comum, os judeus são um povo-classe próspero e poderoso da antiguidade e do feudalismo, não do capitalismo, cuja evolução iria dissolver as relações econômicas e sociais sobre as quais se assentava o judaísmo, cujos interesses estavam estreitamente ligados aos dos senhores de terra e, depois, às monarquias absolutas financiadas, em seus governos e guerras, por este grupo.

Também seriam afetadas e desidratadas, na fase inicial do capitalismo, as formas de sociabilidade dos judeus, cujos privilégios de comunidades autônomas seriam gradualmente mais combatidos, através de meios como taxações e proibições crescentemente severas. Vários países expulsariam os judeus, como ocorreu na Península Ibérica, de onde os sefarditas, como eram chamados os judeus da região, tiveram de partir para o norte da África e territórios do Império Otomano. Para fugir da perseguição, muitos judeus converteram-se ao cristianismo e à plena integração às sociedades europeias ou americanas, para onde começam a emigrar logo que são expulsos da Espanha e de Portugal, assumindo uma nova identidade, a de cristãos-novos.

Eram os tempos da Inquisição, estabelecida oficialmente no século XVI, e que incluiria os judeus entre seus alvos preferidos. O desenvolvimento capitalista diluía a função judaica na economia feudal, retirava as proteções contra o antissemitismo e desencadeava mecanismo destrutivos. Um número razoável de judeus, no entanto, ao emigrar para a Europa Oriental, pode reconstruir suas relações econômicas e sociais entre os séculos XV e XIX, particularmente na Polônia, na Ucrânia e na Rússia. Esse novo ciclo de ascensão, porém, teria um paradeiro quando o capitalismo acelerou-se também nessa região. Alvejado com fúria pelo cristianismo, como porta-voz da aliança entre as classes rurais decadentes e a burguesia nascente, o judaísmo seria novamente encurralado por diversas decisões administrativas e jurídicas. No curso desse processo, amplos setores do judaísmo são assimilados. Com a decadência econômica, massas de judeus se proletarizam ou retornam à agricultura. Os judeus deixam de ser um povo-classe, no dizer de Kautsky, ao serem incorporados à dinâmica capitalista, que os repartiria em distintas frações sociais, com apenas uma pequena parte conseguindo fazer parte das elites burguesas ou se mantendo em atividades comerciais nas cidades.

Uma fração não desprezível dos capitalistas judeus da Europa Oriental faria o percurso inverso de seus antepassados, retornando ao Ocidente e se aproveitando do novo ambiente, no qual o deus-dinheiro deixara de discriminar etnia e religião, ao menos no mundo dos negócios.

A dissolução do povo-classe era uma situação tão extraordinária que viria a surgir até mesmo um operariado judaico, com forte presença no movimento sindical e socialista, além de uma intelectualidade libertada das velhas normas comunais, das *Kehillah* tradicionais, com muitos de seus integrantes se engajando em partidos marxistas. A partir desse momento, o antissemitismo seria também um instrumento de combate ao socialismo, insistentemente apresentado como uma confabulação judaica em vários países.

De fato, era notável a presença de judeus nas lutas revolucionárias de muitas nações, particularmente após 1850 e antes que o sionismo conquistasse o posto de corrente hegemônica no judaísmo. O caso mais clássico talvez seja o do Partido Bolchevique. À época da Revolução de Outubro, em 1917, eram sete os integrantes de seu birô político: Lênin, Trotsky, Stalin, Kamenev, Zinoviev, Bubnov e Sokolnikov. Destes, quatro eram judeus. O sobrenome verdadeiro de Trotsky era Bronstein. O de Kamenev, Rozenfeld, enquanto Zinoviev era Aronovich e Sokolnikov se chamava Yankelevich.

Mesmo com os judeus sofrendo deslocamento tão forte em sua influência e nos seus privilégios, o antissemitismo se manteria vivo, mas primordialmente como uma herança cultural que viria a ser extremamente útil para a consolidação das frações mais nacional-chauvinistas da burguesia europeia, como se veria no século XX. O combate aos judeus ajudava a remodelar a ideia de Estado e nação, a partir de preconceitos disseminados por séculos, em uma estratégia que reforçaria, na construção da hegemonia burguesa, os elementos racistas, produzindo uma clivagem supremacista que dividiria as classes trabalhadoras.

Os judeus não constituíam mais um povo-classe, como no passado, mas o antissemitismo seguia pujante para impulsionar um discurso étnico-nacional que encontraria seu auge com o nazismo alemão. O Holocausto foi a consequência mais dramática desse processo. Os seguidores de Adolf Hitler, nos anos 1920 e 1930, pareciam voltados para um grande plano de limpeza étnica, expulsando os judeus da Alemanha como apogeu de uma narrativa que os apontava como culpados pelo fracasso do destino imperial que estaria traçado para o país, por supostamente corroerem econômica, ideológica e moralmente a vida prussiana.

Nesse período, quando o objetivo nazista parecia ser somente banir os judeus, as organizações sionistas propõem o Acordo Haavara, assinado em 1933, para transferir pessoas e ativos financeiros à Palestina, já dentro do plano de colonização por povoamento que vinha sendo seguido desde o início do século, em detrimento de árabes-palestinos. Calcula-se que 60 mil judeus alemães conseguiram emigrar, levando consigo algo como US$ 2 bilhões a valores de hoje, mediante o pagamento de um imposto fixado em 25%.

Mas, a partir de 1938, mudam os projetos de Hitler, calculando que a saída dos judeus enfraqueceria seu discurso xenófobo. Igualmente é possível que já previsse a necessidade de aprisioná-los como mão-de-obra escrava para a guerra em preparação, além de expropriar totalmente seus recursos e propriedades, mesmo que boa parte da burguesia judaica já tivesse conseguido sair legalmente. O ponto de virada foi a Noite dos Cristais, entre 9 e 10 de novembro de 1938, um *pogrom* contra judeus alemães que daria início ao aprisionamento sistemático da etnia em campos de concentração e trabalho força-

Contra o sionismo

do. Pouco antes, o regime nazista chegou a projetar a expulsão de toda população judaica para a Ilha de Madagascar, no leste da África, mas acabou abandonando a ideia.

A partir de 1941, no entanto, quando era evidente a fadiga física dos judeus e o alto custo de manutenção dos campos, começa a ser desenhado um plano macabro que terminaria por levar seis milhões de judeus à morte, em uma escala industrial de assassinatos jamais vista, que seria batizada de "solução final". Não há dúvidas que esse seria o episódio mais brutal na história do antissemitismo, jogando um papel decisivo para a criação do Estado de Israel, em 1948.

Um dos resultados importantes do triunfo sobre o nazismo foi o refluxo do ódio e do preconceito aos judeus, que deixariam de ser socialmente aceitáveis nas sociedades ocidentais, embora se recompusessem parcialmente no Oriente Médio como resposta à colonização da Palestina pelo sionismo, que despertaria a ira em muitos muçulmanos. Afinal, os seguidores do Islã tinham protegido os judeus por séculos, contra o cristianismo, e muitos se sentiram traídos, além de prejudicados pelo Estado judeu em formação.

Nesse processo, o Holocausto seria apropriado pelo sionismo como um álibi para o seu próprio plano de limpeza étnica, como está bem demonstrado por Norman Finkelstein, em *A indústria do holocausto*, e Ilan Pappé, em *A limpeza étnica na Palestina*, ambos autores judeus, o segundo de nacionalidade israelense. O sofrimento e o sacrifício promovidos pela bestialidade nazista passaram a ser cultivados como uma espécie de crédito ilimitado para o racismo reverso, não contra os antigos algozes, mas contra o povo que era obstáculo para as ambições sionistas.

O sionismo, como tratamos aqui, propunha desde o final do século XIX uma saída étnico-nacional e colonial para o antissemitismo, através da constituição de um Estado judaico na Palestina, onde a imensa maioria dos habitantes, ao redor de 85%, era formada por árabes há séculos. Quem ficasse contra essa solução era identificado e carimbado como antissemita. Depois do Holocausto, esse discurso ficaria muito mais agressivo, ajudando o sionismo tanto a consolidar sua maioria entre os judeus quanto a avançar sobre a opinião pública mundial na defesa da justeza e da legitimidade de seus planos.

A partir dos anos 1950, quando Israel se afasta da União Soviética e do campo socialista, aliando-se aos Estados Unidos e ao sistema imperialista, o sionismo encontraria um reforço adicional de imagem no Ocidente, para corroborar a tese de que essa doutrina era a representação natural do judaísmo e que a negação dessa fusão seria expressão de antissemitismo. Ao longo do tempo, sempre que o Estado de Israel e o sionismo foram criticados e combatidos, seus líderes e aliados levantaram o espantalho do antissemitismo. Não é diferente na crise atual. As agressões genocidas contra os palestinos da Faixa de Gaza têm ares de solução final, escancarando o desejo de concluir a limpeza étnica iniciada no século XX. Desgastado por sua vilania, o sionismo novamente recorre à denúncia de antissemitismo. Mais uma vez, repetindo o recurso retórico para interditar a crítica.

Claro que há casos isolados de antissemitismo, e serão crescentes, muitas vezes em contraposição deformada aos crimes de Israel contra a humanidade. Não pode haver qualquer dúvida, porém, que esse fenômeno é, no presente, absolutamente subalterno e inteiramente devido à própria existência de um regime racista e colonial que se autodeclara como Estado judeu. O completo fim do antissemitismo depende, no final das contas, da erradicação do sionismo.

O Estado de Israel, também no presente, está longe de ser um fator de combate ao antissemitismo, operando, ao contrário, no sentido de estimulá-lo eventualmente, por meio de ações militares brutais que, devido à ideologia sionista, acabam sendo imputadas a todos os judeus, inclusive os que se opõem a elas. A luta implacável contra as ideias e as instituições do *apartheid* sionista representa o único caminho para construir um futuro democrático, soberano e laico para toda a Palestina, para árabes e judeus, para todos os povos, etnias e crenças da antiga Canaã. Somente assim haverá uma paz justa e duradoura.

# SUGESTÕES DE LEITURA

# Dez livros essenciais sobre o sionismo e a Palestina

## *O Estado Judeu*, de Theodor Herzl

Essa é a obra fundacional da doutrina sionista, publicada pela primeira vez em 1896, em alemão (*Der Judenstaat*). Seu autor foi o principal mentor e líder dessa corrente. Constitui uma fonte primária indispensável para entender seus paradigmas. Há uma edição digital brasileira recente (*Convivium*, 2022).

## *Sobre a questão judaica*, de Karl Marx

Escrito em 1843, publicado em alemão (*Zur Judenfrage*), este pequeno livro é uma aula de materialismo histórico no trato dos temas religiosos, além de uma síntese essencial sobre as razões do ódio secular aos judeus desde a Antiguidade. Edição brasileira: Boitempo, 2010.

## *Concepção materialista da questão judaica*, de Abraham Leon

Assassinado no campo de concentração de Auschwitz, em 1944, o autor escreveu essa obra seminal para compreender a trajetória histórica do judaísmo e desmontar o pensamento sionista. Edição brasileira: Global, 1981.

## *A invenção do povo judeu*, de Shlomo Sand

Trata-se de um estudo extremamente relevante para compreender como o sionismo foi construindo uma narrativa sobre o povo judeu que servisse de justificativa histórico-ideológica ao surgimento de um Estado étnico. Edição brasileira: Benvirá, 2011.

## *A questão da Palestina*, de Edward Said

Um dos maiores intelectuais palestinos, o autor apresenta as raízes essenciais do processo de colonização sionista a partir de um relato cujo protagonista é o povo colonizado, suas lutas e perspectivas. Edição brasileira: Unesp, 2012.

## Contra o sionismo

*A limpeza étnica da Palestina*, de Ilan Pappé

Um dos "novos historiadores" de Israel, como foi denominada sua geração de estudiosos, o autor confronta o sionismo e revela como a expulsão dos palestinos de suas terras sempre foi o plano central na construção de Israel. Edição brasileira: Sundermann, 2012.

*Dez mitos sobre Israel*, de Ilan Pappé

Esse é um livro indispensável para desmontar as manipulações fundamentais praticadas pelo sionismo na batalha das ideias e informações, desnudando as principais invenções hegemônicas na mídia ocidental. Edição brasileira: Tabla, 2022.

*Caminhos divergentes*, de Judith Butler

Conhecida por seu protagonismo nos debates sobre questões de gênero, nessa obra a autora discute saídas para a questão palestina e contrapõe ao sionismo a própria tradição e a história do judaísmo. Edição brasileira: Boitempo, 2017.

*Palestina*, de Joe Sacco

Trata-se de uma premiada história em quadrinhos, que faz uma alegoria acessível e pujante da tragédia colonial que se abateu sobre o povo palestino, a partir de fatos reais que abrem suas entranhas. Edição brasileira: Veneta, 2021.

**A *indústria do holocausto*, Norman Finkelstein**

O autor denuncia, com abundância de fatos e relatos, a forma como o sionismo se apropriou do massacre nazista contra os judeus para construir um álibi que viesse a legitimar sua doutrina racista e o projeto colonial de Israel. Edição brasileira: Record, 2001.

Alameda nas redes sociais:
Site: www.alamedaeditorial.com.br
Facebook.com/alamedaeditorial/
Twitter.com/editoraalameda
Instagram.com/editora_alameda/

Esta obra foi impressa em São Paulo na primavera de 2023. No texto foi utilizada a fonte Palatino Linotype Regular em corpo 11 e entrelinha de 17,6 pontos.